Tutto sul cucciolo

i Diamantini

ALLEVAMENTO I DIAMANTINI

Questa guida è frutto dell'esperienza maturata nel cuore dell'allevamento i Diamantini.

Sono Rossella, Master Allevatrice ENCI, allevo barboni toy e nani sulle sponde del Lago Maggiore, tra ampi prati e tanto amore. La mia filosofia di allevamento si basa su concetti molto semplici e diretti: genitori e cuccioli devono essere allevati in un ambiente familiare, senza gabbie, con empatia e rispetto per le fasi della natura.

Questo libro è il risultato di anni di studio, passione, dedizione ed esperienza acquisita a contatto con i cuccioli. Imparando le lezioni più preziose che la vita può offrire: l'amore, la responsabilità e la connessione profonda con questi straordinari esseri viventi.

@i.diamantini
idiamantini.com

CONTENUTI

INTRODUZIONE

L'affascinante connessione tra l'uomo e il cane ha scaldato i cuori e ispirato le menti di generazioni fin dalla notte dei tempi. Questa relazione unica e profonda tra specie diverse è un racconto di amicizia, fiducia e reciproco affetto che affonda le radici nella storia stessa dell'umanità. Sin dalle prime tappe dell'evoluzione, l'uomo e il cane hanno intrapreso un viaggio insieme, plasmando non solo la cultura e la società, ma anche il profondo intreccio delle loro vite.

Nel corso dei secoli l'uomo e il cane hanno condiviso un cammino straordinario, passando da una relazione di cacciatore e compagno a una di affetto, comprensione e cooperazione. Inizialmente, i cani hanno aiutato l'uomo nella caccia e nella difesa, formando legami basati sulla sopravvivenza. Tuttavia, il rapporto è cresciuto ben oltre le esigenze pratiche.

L'evoluzione ha visto l'uomo e il cane collaborare in molteplici modi: dal lavoro nei campi alla guardia delle proprietà, dall'aiuto nelle attività di soccorso alle terapie di supporto emotivo.

I cani sono stati testimoni silenziosi delle gioie e delle sfide dell'umanità, accompagnandoci lungo i sentieri della vita con un amore incondizionato.

Oggi, è arrivato il momento di comprendere e di accogliere il cane nella sua interezza, iniziando il viaggio dalla prima tappa: **il cucciolo.**

Sin dalle prime tappe dell'evoluzione, l'uomo e il cane hanno intrapreso un viaggio insieme.

1. SCEGLIERE IL TUO CUCCIOLO

Scegliere il tuo cucciolo è un momento entusiasmante, ma richiede attenzione e considerazione. La provenienza del cucciolo gioca un ruolo fondamentale nel determinare la sua salute, il suo temperamento e la sua futura felicità.

Allevamenti responsabili: Qualità e cura

Gli allevamenti responsabili sono un'ottima scelta per chi desidera un cane con determinate caratteristiche. Gli allevatori seri si impegnano per la salute e il benessere dei loro cani, selezionando attenti accoppiamenti per preservare il temperamento e la conformazione della razza. Quando visiti un allevamento responsabile, osserva l'ambiente in cui crescono i cuccioli. Deve essere pulito, confortevole e stimolante. Fai domande sull'allevamento, sulla salute dei genitori e sui controlli veterinari e richiedi sempre i test genetici per assicurarti che i genitori del tuo cucciolo siano esenti da patologie ereditarie.

Cucciolate casalinghe: Occasionalità

Le cucciolate casalinghe si verificano quando un proprietario di cane fa accoppiare il suo animale domestico. È importante chiedere dettagli sull'accoppiamento e sulla cura fornita ai cuccioli e alla madre. Assicurati che i cuccioli siano stati esposti a situazioni e suoni diversi durante le prime settimane per una corretta socializzazione e affidati sempre a persone responsabili. Non è consentita l'attività di riproduzione e allevamento dei cani nell'ambiente domestico, senza strutture certificate dall'ASL di competenza territoriale e senza un regime fiscale adeguato. La cucciolata casalinga deve riferirsi unicamente al proprietario che cede cuccioli in via eccezionale senza fingersi un allevatore.

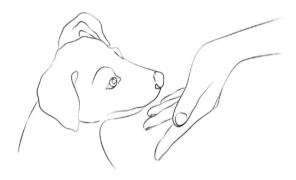

Canili o associazioni: Dare una seconda opportunità

I canili o le associazioni possono offrire una casa a cuccioli o adulti in cerca di una famiglia amorevole e possono dare a un cane una seconda possibilità. Quando visiti un canile, interagisci con diversi cani e chiedi informazioni sulla personalità e le esigenze di ciascun animale. La scelta di un cucciolo o di un cane adulto dipende dal tuo stile di vita e dalle tue preferenze.

Negozio di animali

I negozi per animali possono avere a disposizione diversi cuccioli, puoi trovare cani di razza o incroci secondo le tue esigenze. Ricorda che il cane di razza può essere venduto come tale solo se accompagnato dal pedigree. Valuta sempre la provenienza del cane e fai controllare i suoi documenti dal tuo veterinario prima di procedere alla conferma. Consulta negozianti seri e attenti alle esigenze dei cuccioli e se possibile informati sulle condizioni in cui è nato il cucciolo che desideri e come è stato trasportato nel tuo Paese. Se qualche informazione è mancante o non esaustiva, considera la possibilità di rivolgerti ad altri negozi per alimentare unicamente i mercati che guardino alla sicurezza e al benessere dei cani e dei riproduttori.

Indicazioni per la scelta:

1. **Ricerca:** Dedica del tempo a cercare informazioni sulla razza o sul tipo di cane che desideri. Considera le sue esigenze, il suo temperamento e la sua compatibilità con il tuo stile di vita;

2. **Visite:** Osserva personalmente l'ambiente in cui sono cresciuti i cuccioli. Deve essere pulito, sicuro e adeguatamente spazioso;

3. **Documenti:** È fondamentale che tutti i cani abbiano il microchip e il libretto sanitario con le prime vaccinazioni e per i cani di razza è obbligatorio il pedigree;

4. **Interazione:** Interagisci con i cuccioli o i cani. Osserva il loro comportamento, la loro reazione e il modo in cui si avvicinano a te;

5. **Salute:** Richiedi informazioni sulla salute dei genitori, sulle vaccinazioni e sulle visite veterinarie. Un cucciolo sano è un cucciolo felice;

6. **Domande:** Non esitare a fare domande all'allevatore, al proprietario o al personale del canile o dell'associazione. Una persona responsabile sarà felice di rispondere;

7. **Intuito:** Ascolta il tuo istinto. Se qualcosa non sembra giusto, è meglio continuare la tua ricerca altrove.

Scegliere il tuo cucciolo è un impegno a lungo termine, quindi prenditi il tempo necessario per fare la scelta giusta. Un cucciolo sano e ben curato porterà gioia e amore nella tua vita per molti anni a venire.

Scegliere il tuo cucciolo è un momento entusiasmante, ma richiede attenzione e considerazione.

 **2. IL MICROCHIP**

Il microchip è uno strumento prezioso per garantire la sicurezza e l'identificazione dei cani.

Cos'è un Microchip?

Un microchip è un piccolo dispositivo elettronico, spesso delle dimensioni di un chicco di riso, che contiene un codice univoco. Questo codice è associato alle informazioni personali del proprietario e del cane nel database dell'anagrafe canina. Il microchip è inserito sotto la pelle del cane, di solito sul collo, attraverso una procedura rapida e indolore.

Nuove generazioni di Microchip

Il microchip classico consente di leggere il codice associato al tuo cane e di poterlo abbinare al proprietario. Nuove generazioni di microchip permettono anche la lettura della temperatura corporea del cane. Con questa tipologia di microchip è possibile quindi controllare la temperatura del cane senza utilizzare il termometro.

L'importanza del Microchip

Il microchip è uno strumento fondamentale per garantire la sicurezza del tuo cucciolo. Gli animali domestici possono smarrirsi o fuggire e il microchip offre un modo affidabile per identificare il tuo cane in caso di smarrimento. I collari e le targhette possono andare persi o rimossi, ma il microchip rimane costantemente con il tuo cane, assicurando che le informazioni di contatto siano sempre accessibili. Il microchip è obbligatorio, viene inserito verso le 8 settimane di vita dal veterinario di riferimento del proprietario della mamma del cucciolo e deve essere presente al momento della consegna del cucciolo al nuovo proprietario.

Consigli per il Microchip

1. Controlla i dati: Durante la prima visita dal veterinario assicurati di far leggere il microchip con l'apposita scansione e verifica che i tuoi dati e le tue informazioni di contatto siano corretti. Mantieni queste informazioni aggiornate in caso di cambiamenti;

2. Verifica: Periodicamente, fai scansionare il microchip per assicurarti che sia ancora leggibile e funzioni correttamente;

3. Identifica con la medaglietta: Anche se il microchip è una forma importante di identificazione, non sostituire la tradizionale medaglietta con il nome e il numero di telefono. Questo fornisce una soluzione immediata nel caso in cui qualcuno trovi il tuo cane e non abbia a disposizione un lettore per microchip.

Il microchip è uno strumento fondamentale per garantire la sicurezza del tuo cucciolo.

3. IL LIBRETTO SANITARIO

Il libretto sanitario è una sorta di "carta d'identità" medica per il tuo cane. Contiene un registro completo delle vaccinazioni, dei trattamenti medici e delle visite veterinarie. È uno strumento essenziale per tenere traccia della salute del tuo cane nel corso del tempo e per fornire ai veterinari informazioni cruciali sulla sua storia medica.

La funzione del Libretto Sanitario

Il libretto sanitario registra ogni vaccinazione, esame e trattamento ricevuto dal tuo cane. Questo documento è particolarmente utile quando viaggi sul territorio nazionale, partecipi ad attività di addestramento, frequenti strutture per animali domestici o ti rivolgi a veterinari. I veterinari utilizzano il libretto sanitario per tenere traccia della salute del tuo cane e pianificare trattamenti futuri. Sul libretto troverai:

• Il nome del tuo cane
• Il numero di microchip associato
• I dati del proprietario
• L'elenco delle vaccinazioni eseguite
• Altri trattamenti o informazioni relative alla salute del cane

Consigli per la gestione del Libretto Sanitario

1. Mantieni il libretto aggiornato: Assicurati che ogni vaccinazione, trattamento e visita veterinaria siano registrati accuratamente nel libretto;

2. Porta il libretto con te: Quando hai appuntamento con il veterinario o ti rivolgi a strutture come hotel che accettano cani, spiagge dog friendly o centri di addestramento, porta sempre il libretto sanitario in modo da poter consultare facilmente le informazioni sul tuo cane;

3. Conservazione sicura: Conserva il libretto in un luogo sicuro e accessibile, lontano dall'umidità e dalla luce solare diretta.

Il libretto sanitario è uno strumento fondamentale per la salute e il benessere del tuo cane. Mantenere il libretto aggiornato e seguire il programma di vaccinazione consigliato dal tuo veterinario è fondamentale per garantire una vita sana al tuo cucciolo.

Il libretto sanitario non è sufficiente per poter viaggiare fuori dai confini nazionali. Per uscire dal territorio ed entrare nei differenti Stati sono necessari il passaporto e la vaccinazione antirabbica. Assicurati di richiedere il passaporto e di far eseguire la vaccinazione antirabbica per tempo prima di programmare un viaggio.

Il libretto sanitario registra ogni vaccinazione, esame e trattamento ricevuto dal tuo cane.

Cos'è il Pedigree?

Il pedigree è l'unico documento che stabilisce l'appartenenza del cane a una determinata razza. Contiene informazioni dettagliate sui genitori, i nonni e spesso anche altri antenati del tuo cucciolo; quindi, traccia la genealogia del tuo cane attraverso le generazioni. Il pedigree mostra chiaramente il nome del cane, il microchip, la razza, i titoli ottenuti in esposizioni canine e altre informazioni pertinenti.

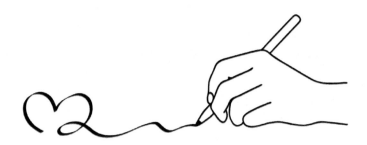

L'importanza del Pedigree

Il pedigree è obbligatorio per tutti i cani di razza. In Italia è reato vendere cani di razza senza pedigree, la vendita di un cane di razza senza pedigree rientra nel reato di truffa (DLG 529/1992 ART. 5, comma 1 - ann. A) e chi lo commette è passibile di multa. Tutti i cani sprovvisti di pedigree vengono per legge definiti meticci e in quanto tali non presentano costi di selezione o di studio della linea genetica. Per la loro compravendita è contemplato un rimborso spese, correlato dalle relative ricevute (spese veterinarie, costo del cibo).

Il pedigree viene utilizzato dagli allevatori per studiare la linea genetica da selezionare secondo caratteristiche e qualità. Rappresenta il primo tassello fondamentale per costruire un buon lavoro di selezione. Oggi è fondamentale associare al pedigree anche i test genetici per riprodurre in modo consapevole, garantendo così alla famiglia un cucciolo sano e alla razza di poter proseguire migliorandosi.

Presta sempre molta attenzione a chi ti offre cuccioli a prezzi inferiori senza pedigree: questa è una truffa e accettare questa condizione, o richiederla, ti rende complice. Il pedigree autentica l'origine e la genealogia del cane, garantendo la sua provenienza da linee di discendenza affidabili. Molto spesso i cuccioli sprovvisti di pedigree, o relativi genitori, provengono da traffici nazionali o internazionali in cui la qualità della vita dei cani non rispetta gli standard previsti.

Il cucciolo potrebbe nascondere problemi di salute o scarsa socializzazione, investire in un cucciolo con pedigree contribuisce a garantire la salute, la qualità e la trasparenza dell'acquisto. Inoltre, assecondare queste situazioni non farà altro che alimentare dinamiche irrispettose per la vita e il benessere dei cani.

In Italia è reato vendere cani di razza senza pedigree.

 **5. MASCHIO VS. FEMMINA**

Le differenze caratteriali tra maschio e femmina nel cane sono spesso generalizzazioni e ci sono eccezioni in entrambi i casi. Esistono razze in cui è evidente una differenza caratteriale e anche fisica tra maschio e femmina; mentre altre in cui non sono presenti diversità. Ogni cane è un individuo con la propria personalità unica. È importante affidarsi a chi ti cede il cucciolo per porre domande mirate e comprendere le eventuali caratteristiche. Passa del tempo con cuccioli maschi e femmine e osserva quale ti attrae di più e con cui senti di avere una connessione naturale.

Considerazioni sulla riproduzione

L'aspetto fondamentale da considerare nella scelta tra maschio e femmina è il fattore riproduttivo. Il maschio inizia la sua maturazione tra i 6 e i 12 mesi ed è sempre pronto all'accoppiamento. La femmina ha il primo calore tra i 6 e i 12 mesi. Successivamente i calori si presentano circa due volte l'anno e sono composti da una fase iniziale di perdite ematiche e da una successiva fase di fertilità in cui la cagnolina è pronta all'accoppiamento. È importante evitare una gravidanza durante il primo calore. In generale è sempre opportuno per tutta la vita dei cani evitare accoppiamenti indesiderati, privi di studi genetici e di test sulla salute dei cani.

Per la scelta del sesso passa del tempo con cuccioli maschi e femmine e osserva quale ti attrae di più.

Puoi considerare insieme al tuo veterinario di fiducia la sterilizzazione o la castrazione. La sterilizzazione femminile (rimozione delle ovaie) e la castrazione maschile (rimozione dei testicoli) richiedono un'attenta riflessione.

6. COME SCEGLIERE IL NOME

La scelta del nome per il tuo cucciolo è un momento speciale e divertente. Tuttavia, è importante trovare un nome che sia breve, semplice e facilmente riconoscibile per il tuo nuovo amico a quattro zampe.

L'importanza del nome

Il nome che scegli per il tuo cucciolo diventerà una parte integrale della sua identità. Sarà il modo in cui verrà chiamato ogni giorno, il legame tra voi e un richiamo che il tuo cane imparerà a riconoscere. Trovare un nome adatto è importante per stabilire una comunicazione efficace con il tuo cucciolo e facilitare il suo addestramento.

Linee guida per la scelta del nome

1. Breve e semplice: Opta per nomi che siano composti da poche sillabe, idealmente due sillabe, come per esempio "Buba" bu-ba, "Lucy" lu-cy, così da essere facili da pronunciare e memorizzare per il tuo cucciolo;

2. Suoni chiari: Scegli nomi con suoni nitidi e distinti. Evita nomi che somigliano a comandi comuni o che potrebbero essere confusi con altre parole;

3. Rifletti la personalità: Considera la personalità e le caratteristiche del tuo cucciolo. Ad esempio, se è vivace e giocherellone, potresti optare per un nome allegro e giocoso;

4. Osserva aspetto e caratteristiche: Ispirati all'aspetto fisico o a caratteristiche uniche del tuo cucciolo. Ad esempio "Macchia" per un cane che ha il mantello a macchie;

5. Evita nomi comuni: Cerca di evitare nomi molto comuni, specialmente se conosci altri cani con lo stesso nome vicino a te. Potreste ritrovarvi al parco a giocare insieme e creare confusione. Vuoi che il nome del tuo cucciolo sia unico e speciale.

Associazione positiva

È importante associare il nome del tuo cucciolo a esperienze positive. Quando chiami il tuo cane, usa un tono di voce gentile e offri premi o carezze. In questo modo, il tuo cucciolo imparerà ad associare il suo nome a momenti felici e graditi.

La scelta del nome per il tuo cucciolo è un passo emozionante nella creazione di un legame duraturo. Prenditi il tempo per selezionare un nome che sia breve, semplice e rifletta la personalità unica del tuo cucciolo.

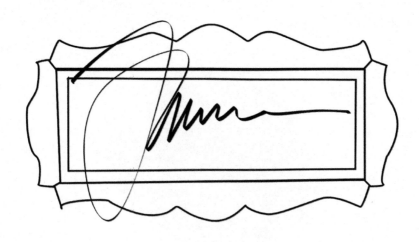

Il nome che scegli per il tuo cucciolo diventerà una parte integrale della sua identità.

7. IL CUCCIOLO È UNA SPUGNA

Il cucciolo è paragonabile a una spugna, pronto ad assorbire ogni esperienza, ogni parola e ogni emozione che il mondo e il rapporto con il suo padrone è pronto a offrirgli. Questa fase iniziale è un periodo di meraviglia e scoperta, in cui ogni momento è un'opportunità per imparare e crescere.

Ogni suono, gesto o reazione del suo ambiente ha il potere di plasmare la sua comprensione del mondo.

8. L'INDISPENSABILE PER L'ARRIVO A CASA

La cuccia: La cuccia non è solo un luogo di riposo, ma rappresenta anche un rifugio sicuro per il cucciolo. Scegli una cuccia adatta alle sue dimensioni, imbottita e confortevole. Questo spazio personale aiuta il cucciolo a sentirsi protetto e a sviluppare un senso di appartenenza alla sua nuova casa;

Le ciotole: Le ciotole dovranno essere ben posizionate in un luogo facilmente accessibile dal cucciolo e dovranno essere due: una per il cibo e una per l'acqua. È fondamentale che la ciotola dell'acqua sia sempre a disposizione con acqua pulita e fresca;

I giochini: I giochi non sono solo divertenti, ma anche fondamentali per lo sviluppo cognitivo e fisico del cucciolo. Giocattoli interattivi come palline, giochi da masticare e giochi che richiedono problem-solving stimolano la mente del cucciolo e lo tengono attivo;

Il guinzaglio e il collare: Anche se il cucciolo non sarà in grado di affrontare lunghi percorsi, è importante iniziare ad abituarlo al guinzaglio e al collare fin dalle prime settimane. Questo facilita le future passeggiate e aiuta il cucciolo a sentirsi più a suo agio con questi accessori indispensabili;

Ogni elemento di questa lista è fondamentale per garantire che il cucciolo si adatti bene alla sua nuova casa, si senta al sicuro e riceva l'attenzione e il comfort di cui ha bisogno nei primi giorni di adattamento. Preparare questi elementi con cura non solo semplificherà la tua routine con il cucciolo, ma contribuirà anche a creare un ambiente positivo per la sua crescita e sviluppo.

Crea fin da subito un ambiente positivo con il tuo cucciolo, favorirà la sua crescita e il suo sviluppo.

9. TRE CONSIGLI PER ORGANIZZARE LA CASA

1. Allontana oggetti pericolosi o fragili: I cuccioli sono naturalmente curiosi e mordicchiano ciò che trovano interessante. Prima di portare il cucciolo a casa, ispeziona attentamente ogni area in cui potrebbe accedere. Rimuovi cavi e fili elettrici dal suo raggio d'azione, poiché masticarli potrebbe causare danni e pericoli per la sua salute. Tieni fuori dalla sua portata anche oggetti piccoli che potrebbe ingerire accidentalmente oppure oggetti fragili che potrebbe urtare e rompere;

2. Crea zone sicure: Definisci degli spazi sicuri in casa in cui il cucciolo può muoversi liberamente senza rischi. Usa recinti o cancelli per limitare l'accesso a zone pericolose come le scale.

Questo non solo protegge il cucciolo da potenziali incidenti, ma gli permette anche di esplorare l'ambiente gradualmente, riducendo lo stress del nuovo ambiente;

3. Rimuovi i tappeti: la rimozione temporanea dei tappeti, almeno all'inizio, elimina l'opzione di utilizzarli come luogo per sporcare. Durante la fase di addestramento alla toilette il cucciolo potrebbe infatti interpretare un morbido tappeto come il luogo ideale per sporcare. Inoltre, i tappeti sono porosi e assorbenti, il che rende la pulizia difficile dopo un incidente e può causare odori persistenti che attirano il cucciolo a sporcare nuovamente nello stesso punto.

Creando un ambiente sicuro ed escludendo i potenziali pericoli offri al cucciolo la possibilità di esplorare senza il rischio di incidenti. L'organizzazione strategica della casa non solo protegge il tuo cucciolo, ma ti permette anche di concentrarti sulla creazione di un legame forte e positivo nei suoi primi giorni nella tua casa.

10. LA PRIMA NOTTE NELLA NUOVA CASA

Prepara un **giaciglio accogliente** nella sua cuccia, aggiungendo alla cuccia una copertina morbida. Il cucciolo si sentirà al sicuro e accolto;

Posiziona un **peluche** all'interno del giaciglio, privo di parti masticabili o pericolose, lo aiuterà a sentire una presenza confortevole accanto;

Il cucciolo almeno per le prime notti dovrebbe **dormire nella stanza con qualcuno**: è abituato a dormire con fratelli e sorelle e il respiro di un umano lo farà sentire al sicuro. Va bene se non si vuole lasciare accesso alla camera da letto: in questo caso toccherà a un membro della famiglia riposare per qualche notte sul divano!

Il cucciolo deve comunque sempre dormire nella **sua cuccia**: innanzitutto perché essendo molto piccolo se dovesse accidentalmente cadere dal divano o dal letto potrebbe farsi male e in secondo luogo perché tutto ciò che viene concesso al cucciolo viene interpretato come possibile e corretto e può diventare un'abitudine difficilmente scardinabile quando il tuo cane diventerà adulto;

Posizionare un **orologio** o una **sveglia** ticchettanti nella cuccia aiuterà a simulare il battito di un cuore. Eventualmente in commercio esistono peluche che riproducono il battito cardiaco. I ticchettii replicano il battito del cuore della mamma o dei fratelli a cui il cucciolo è abituato e rafforzano il senso di protezione nel nuovo ambiente.

11. IL CUCCIOLO E I BAMBINI

I cani sono i migliori amici dei bambini! Introdurre un cane nella vita di un bambino assicura divertimento, coccole e contribuisce a uno sviluppo cognitivo e affettivo migliori.

È importante però supervisionare l'approccio del bambino al cucciolo e insegnargli che non è un semplice giocattolo ma un essere vivente con le sue esigenze e fragilità. Le regole principali sono: utilizzare un tono di voce pacato, afferrare il cucciolo con dolcezza prestando attenzione a non farlo cadere, utilizzare giocattoli appositi per cani della dimensione e materiale opportuni, lasciare libertà di muoversi al cucciolo ed evitare movimenti bruschi.

12. IL CUCCIOLO E ALTRI ANIMALI

Se in casa sono già presenti altri animali la regola principale è: lasciare loro il tempo di conoscersi.

Il cucciolo di cane è estremamente socievole e non farà fatica a fare amicizia con un altro cane, con un gatto o più. In questa situazione è importante garantire i propri spazi all'animale già presente, in modo da potersi allontanare dalla novità qualora non sia subito ben accettata. E mi raccomando... coccole ed attenzioni per tutti in egual misura! Quando il cucciolo metterà piede per la prima volta nella nuova casa, è meglio che l'altro animale non sia subito presente così che il cucciolo possa capire di essere in un posto sicuro e avventurarsi alla scoperta della sua nuova casa in libertà. Solo successivamente sarà possibile farli conoscere lasciando loro il tempo necessario per creare la loro nuova amicizia. Ad animali come conigli, criceti, tartarughe, ecc. è invece sempre consigliabile lasciare degli spazi definiti e delimitati nei quali il cucciolo non possa entrare.

13. I BISOGNINI

Le prime uscite saranno brevi e solo di perlustrazione: è bene stimolare il cucciolo fin da subito a comprendere che i bisognini devono essere fatti all'esterno. Come? Portandolo fuori anche 5-7 volte al giorno, idealmente la mattina appena svegli, dopo tutti i pasti e la sera prima di andare a dormire. Bisogna ricordarsi che nei primi mesi di vita il cucciolo non riesce fisicamente a trattenere i bisognini. È dunque importante saper prevedere il "momento bisognini" in modo da anticiparlo e permettergli di sporcare nel posto desiderato. Qualora si verifichi un piccolo "incidente" non va sgridato in malo modo, un semplice ma secco *no* sarà sufficiente. Va invece premiato con coccole, frasi dolci e complimenti quando esegue l'azione che desideriamo nel posto giusto.

Le feci del tuo cane sono un'importante finestra sulla sua salute generale.

Osservare attentamente le caratteristiche delle feci può aiutarti a individuare segni precoci di disfunzioni o problemi di salute. Ecco perché è cruciale saper riconoscere le varie colorazioni e consistenze delle feci e capire cosa potrebbero indicare.

COLORAZIONE DELLE FECI
COSA PUÒ INDICARE

Marrone scuro o cioccolato è la colorazione normale e sana delle feci dei cani ben alimentati. Se le feci sono marroni, il tuo cane potrebbe essere in buona salute;

Feci verdi occasionali potrebbero essere causate da una dieta ricca di verdure o cibi con coloranti verdi. Tuttavia, un colore verde persistente potrebbe indicare una digestione troppo veloce o problemi alimentari;

Feci rosse o macchie rosse possono essere indicative di sanguinamento nell'area anale o nel tratto intestinale inferiore. Questo richiede una valutazione immediata del veterinario;

Le feci di colore giallo potrebbero indicare problemi nel fegato, nella cistifellea o nel pancreas. In alcuni casi, può essere associato a problemi di assorbimento dei nutrienti;

Feci di colore grigio o agrento sono insolite e potrebbe segnalare problemi con il fegato, la cistifellea o il pancreas. La consulenza veterinaria è fondamentale;

Le feci nere potrebbero indicare la presenza di sangue digerito, il che potrebbe essere un segnale di sanguinamento nello stomaco o nell'intestino. Consulta il veterinario in caso di feci nere.

CONSISTENZA DELLE FECI
COSA PUÒ INDICARE

Feci ben formate e solide sono un segno di un sistema digestivo sano e di una dieta equilibrata;

Feci liquide o troppo morbide possono indicare problemi gastrointestinali, infezioni o reazioni a cibi nuovi. Monitora attentamente per evitare la disidratazione;

Feci secche e dure possono essere segno di stipsi o problemi di idratazione. Assicurati che il tuo cane beva sufficiente acqua.

Piccole quantità di muco sono normali, ma grandi quantità potrebbero indicare infiammazioni o infezioni;

La presenza di sangue fresco o coagulato nelle feci richiede attenzione veterinaria immediata;

Se noti vermi, parassiti o larve nelle feci, consulta il veterinario per un trattamento adeguato.

In conclusione, l'osservazione attenta delle caratteristiche delle feci del tuo cane può offrirti preziose informazioni sulla sua salute. Tuttavia, ricorda che ogni cane è diverso e occasionali variazioni possono essere normali. Se hai dubbi o preoccupazioni riguardo alle feci del tuo cane, consulta sempre un veterinario.

ALIMENTAZIONE

L'alimentazione è il fondamento per la crescita e lo sviluppo sano del tuo cucciolo. Fornire una dieta equilibrata e adatta alle sue esigenze è essenziale. Opta per cibi di alta qualità specificamente formulati per cuccioli. Questi cibi contengono i nutrienti necessari per supportare la crescita, come proteine per la formazione muscolare e calcio per lo sviluppo delle ossa.

Rispetta le dosi raccomandate sulla confezione e pianifica pasti regolari, evitando cibi allungati dalla tavola che potrebbero essere nocivi.

Ecco una lista dei cibi vietati ai cani: cioccolato, caffè, té, uva e uvetta, aglio, cipolla, maiale crudo, patate crude, pomodori verdi, noci di macadamia, alcol, zuccheri artificiali. Se desideri optare per l'alimentazione casalinga, gustosa e appagante, segui le dosi e le ricette che ti vengono fornite, evitando di improvvisare. Per seguire un piano di alimentazione casalinga su misura per il tuo cane puoi approfondire sul sito idiamantini.com nella sezione dedicata a Pappa Academy:

https://idiamantini.com/course/pappa-academy/

BENESSERE

Prendersi cura del benessere del tuo cucciolo comprende l'igiene e la spazzolatura. Mantenere gli occhi, le orecchie, i denti, le unghie e il pelo del tuo cucciolo in buone condizioni contribuisce a una vita più felice e confortevole.

- **Occhi:** Pulisci delicatamente gli occhi giornalmente o al bisogno con una soluzione occhi per cani;

- **Orecchie:** Controlla le orecchie per segni di infezione o accumulo di cerume. Utilizza un prodotto apposito per la pulizia delle orecchie settimanalmente;

- **Denti:** La pulizia dentale è cruciale per prevenire problemi dentali. Spazzola i denti del tuo cucciolo regolarmente con un dentifricio apposito. Le linee guida veterinarie suggeriscono di lavare quotidianamente i denti al cane. Iniziare a spazzolare i denti già da cucciolo, anche se da latte, abituerà il cucciolo a questa fondamentale routine;

- **Unghie:** Mantieni le unghie del tuo cucciolo tagliate. In alternativa, chiedi al veterinario o al toelettatore di farlo in modo sicuro. Le unghie troppo lunghe del cane possono impigliarsi nei vestiti o sui divani e diventare fastidiose per il suo comfort nella camminata. Se la lunghezza supera il limite adeguato, le unghie possono spezzarsi o incarnirsi e provocare dolore e infiammazioni;

- **Pelo:** La spazzolatura regolare mantiene il pelo sano e previene i nodi. Varietà di spazzole sono disponibili per diversi tipi di pelo. Assicurati una corretta igiene secondo la tipologia del tuo cucciolo, in questo caso l'allevatore, il canile o la persona che te lo ha ceduto saprà fornirti le corrette indicazioni specifiche.

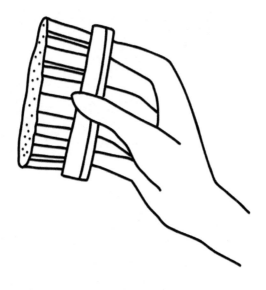

CONTROLLI

I controlli veterinari regolari sono il pilastro della salute a lungo termine del tuo cucciolo. Gli appuntamenti con il veterinario sono l'occasione per esaminare la salute generale, identificare potenziali problemi in anticipo e ricevere consigli personalizzati. All'inizio i controlli saranno più frequenti per monitorare la crescita, eseguire i vaccini, adattare l'alimentazione o le cure. Con il passare del tempo, il veterinario stabilirà una pianificazione di visite periodiche su base annuale.

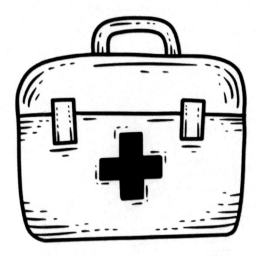

Il tuo contributo nel monitorare e riportare ciò che giornalmente osservi del tuo cucciolo è fondamentale per permettere al veterinario un'analisi ancor più approfondita: un cucciolo sano ha sempre il naso umido e fresco, risulta attivo e vivace e lo sguardo è vigile e luminoso.

Il veterinario si occuperà delle vaccinazioni e di suggerirti il miglior trattamento per i parassiti interni ed esterni.

In sintesi, fornire al tuo cucciolo un'ottima alimentazione, prendersi cura del suo benessere generale e programmare regolari controlli veterinari è la chiave per una vita sana e felice insieme. Investire tempo ed energia in queste tre aree garantirà al tuo cucciolo una base solida per il futuro.

15. LA PRIMA VISITA DAL VETERINARIO

La prima visita dal veterinario è un passo fondamentale per garantire la salute e il benessere del tuo cucciolo.

La scelta del veterinario è una decisione importante che influenzerà la cura del tuo cucciolo nel corso degli anni. Cerca un veterinario esperto, empatico e disponibile a rispondere alle tue domande. Chiedi raccomandazioni ad amici, familiari o gruppi di appassionati di animali. Leggi recensioni online e prenota una visita preliminare per discutere i servizi offerti e valutare la tua compatibilità con il veterinario.

Preparati alla visita

Prima della prima visita, prepara una serie di elementi per garantire un appuntamento senza intoppi:

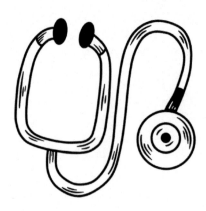

1. Documenti e storia medica: Porta con te qualsiasi documento o informazione relativa al cucciolo, come il libretto sanitario, il documento dell'iscrizione in anagrafe e i risultati di eventuali esami pregressi;

2. Domande: Prepara una lista di domande da porre al veterinario, sia riguardanti la salute attuale del cucciolo che su routine e consigli futuri;

3. Trasporto sicuro: Assicurati di avere un modo sicuro per trasportare il tuo cucciolo fino al veterinario, come un trasportino o collare e guinzaglio.

Cosa aspettarsi durante la visita

Durante la prima visita, il veterinario esaminerà il tuo cucciolo per valutarne la salute generale. Questo potrebbe includere controlli del peso, dell'udito, della vista, del cuore e dei polmoni. Il veterinario potrebbe anche discutere del piano di vaccinazione e dell'eventuale sterilizzazione o castrazione. Questo è un ottimo momento per porre domande e discutere di qualsiasi preoccupazione tu abbia riguardo al tuo cucciolo.

Segnarsi eventuali cambiamenti

Durante l'appuntamento, prendi nota di qualsiasi suggerimento, raccomandazione o cambiamento nello stato di salute del tuo cucciolo. Questo ti aiuterà a ricordare i dettagli importanti e a monitorare la salute del tuo cucciolo nel tempo. Puoi anche segnarti i prossimi appuntamenti per le vaccinazioni, gli esami o altri trattamenti necessari.

Affidarsi a un veterinario esperto ed empatico è fondamentale per garantire la salute del tuo cucciolo.

16. LA PAPPA

La pappa del cucciolo è fondamentale per uno sviluppo sano e per garantire che cresca forte e pieno di energia. Nutrire il tuo cucciolo in modo adeguato richiede attenzione e comprensione delle sue esigenze specifiche.

Frequenza e quantità dei pasti

La frequenza dei pasti varia in base all'età del cucciolo. Nei primi mesi di vita, il cucciolo viene nutrito 4 volte al giorno. Dai 3 ai 6 mesi si passa a 3 pasti al giorno e dopo i 6 mesi a due pasti al giorno, uno al mattino e uno alla sera. È fondamentale farsi consigliare dalla persona che ci cede il cucciolo per proseguire con la stessa routine e la stessa pappa con cui veniva alimentato. Cambiare tipologia di cibo è sconsigliato nella prima fase nella nuova casa; il cambiamento può essere eseguito in modo molto graduale, e solo se necessario, dopo circa un mese dall'arrivo a casa.

Ogni cucciolo è un individuo unico. Monitora attentamente il suo stato di salute generale e adatta le porzioni di conseguenza. Cerca di mantenere un equilibrio tra non sovralimentare e non sottoalimentare. Un buon consiglio è quello di prendere l'abitudine a pesare il tuo cucciolo per monitorare il suo peso e verificare con l'aiuto del veterinario se la sua crescita procede nel modo corretto.

Tempo dei pasti e una routine

Stabilire una routine per i pasti del tuo cucciolo contribuisce a un senso di stabilità e prevedibilità. Nutrilo nello stesso luogo e alla stessa ora ogni giorno. Questo aiuta a stabilizzare la sua digestione e a creare aspettative, evitando il rischio di ansia legata all'alimentazione. Non lasciare libero accesso al cibo ma riempi la ciotola con la quantità necessaria e lascia che il cucciolo abbia a disposizione circa 15/20 minuti per mangiare. Cerca di non distrarlo e lasciagli libertà di esplorare, di allontanarsi e tornare alla ciotola per questo lasso di tempo. Se dopo 20 minuti non vorrà più mangiare e sarà rimasto del cibo nella ciotola, allontanala e riproponila al pasto successivo.

Ricompense

Sebbene le ricompense siano un modo efficace per incoraggiare il comportamento positivo, usa i premietti con moderazione. Troppo spesso, le ricompense possono portare a sovralimentazione o a squilibri nella dieta. Opta per premietti a basso contenuto calorico o considera di utilizzare parte del cibo quotidiano come ricompensa durante l'addestramento.

In sintesi, nutrire il tuo cucciolo richiede pianificazione e attenzione. Una dieta equilibrata, una routine stabile e la consapevolezza delle esigenze specifiche del tuo cucciolo creano le basi per una vita sana e felice.

17. I DENTINI

I cuccioli nascono senza denti visibili, ma la loro dentizione inizia a svilupparsi nelle prime settimane di vita. Intorno alle 3-4 settimane, spuntano i denti da latte. Questi denti sono più piccoli e affilati rispetto ai denti permanenti che cresceranno in seguito.

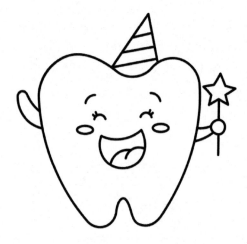

La crescita dei denti del cucciolo avviene in diversi stadi:

1. Denti da latte: Tra le 3 e le 6 settimane, i 28 denti da latte spuntano e aiutano il cucciolo a iniziare a consumare cibo solido;

2. Sostituzione con denti permanenti: A partire dai 3-4 mesi, i denti da latte iniziano a cadere per fare spazio ai 42 denti permanenti. Questo processo continua fino a quando il cucciolo ha circa 6 mesi. In alcuni casi, per esempio nei cani di piccola taglia, il processo può durare fino ai 12 mesi.

Cura dei denti del cucciolo

La cura dentale del tuo cucciolo è fondamentale per mantenere una buona salute generale. Ecco alcuni suggerimenti:

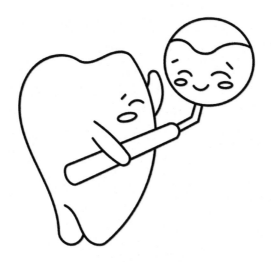

1. **Controllo regolare:** Osserva regolarmente i denti del tuo cucciolo. Denti bianchi e gengive rosa sono segni di buona salute dentale;

2. **Igiene orale:** Abitua il tuo cucciolo fin da giovane all'igiene orale. Utilizza spazzolini da denti appositi o spazzolini da dito di gomma per cani per pulire delicatamente i denti e le gengive;

3. **Cibo appropriato:** Fornisci alimenti di qualità, poiché possono aiutare a ridurre la formazione di placca;

4. **Giocattoli masticabili:** Fornisci giocattoli masticabili appositi, come quelli in gomma, che possono aiutare a

rimuovere la placca attraverso il naturale processo di masticazione;

5. Visite veterinarie: Pianifica visite regolari dal veterinario, che potrà valutare la salute dentale del tuo cucciolo e fornire ulteriori consigli.

Lavaggio dei denti: come iniziare

Il lavaggio dei denti è una parte cruciale della cura dentale del tuo cane. È opportuno iniziare ad insegnarlo fin da cucciolo. Le linee guida indicano di lavare i denti al cane tutti i giorni.

Puoi insegnare il lavaggio dei denti al tuo cane come una routine con questi step:

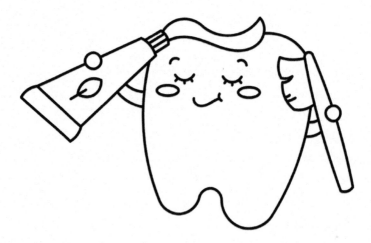

- Inizia gradualmente, utilizzando un guanto per lo scrub. Il guanto inumidito con dell'acqua ti aiuterà ad avere una completa manualità e a prendere confidenza con l'interno della bocca del cane. Abituati e abitualo a maneggiare quella zona. Apri delicatamente la bocca e inserisci un dito per sentire le gengive e tutti i dentini. Ricompensa il tuo cane dopo ogni sessione e cerca di allungarla sempre di più partendo da qualche secondo fino ad arrivare a due minuti. Una volta accettato il guanto e presa confidenza, passa al secondo step;

- Acquista un dentifricio appositamente formulato per cani, ricorda di non utilizzare mai il dentifricio ad uso umano. Applica un po' di dentifricio sul guanto e procedi con il lavaggio dei dentini;

- Passa allo spazzolino da dito in gomma, utilizzalo al posto del guanto e aiutati con il dentifricio per il lavaggio dei dentini;

- Accettato anche lo spazzolino da dito potrai passare allo spazzolino classico. Gli spazzolini per cani hanno solitamente il manico più stretto e lungo per permettere una manualità maggiore. Se non dovessi trovarti bene con questa tipologia, puoi acquistare degli spazzolini per bambini. Utilizza sempre il dentifricio per cani.

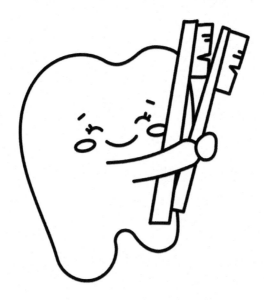

Evitare il lavaggio dei denti contribuisce all'accumulo di placca e a una futura detartrasi. La detartrasi viene eseguita dal veterinario ed è quella che noi potremmo definire "pulizia dei denti", eseguita però sotto anestesia. La salute dentale del tuo cucciolo è una parte importante della sua cura complessiva. Prenditi cura dei suoi denti fin da giovane e abitualo a una routine di igiene orale regolare per garantire la rimozione del tartaro.

Puoi insegnare il lavaggio dei denti al tuo cane come una routine.

18. I PRIMI PASSI NEL MONDO

I primi passi nel mondo rappresentano un'importante fase nella crescita del tuo cucciolo. Questo è il momento in cui inizierà a esplorare il suo ambiente e a imparare come interagire con esso. Aiutare il tuo cucciolo a sentirsi sicuro, adattarsi e imparare le regole di base è cruciale per instaurare un rapporto positivo con l'ambiente che lo circonda.

Esplorazione graduale

Lascia che il tuo cucciolo esplori gradualmente l'ambiente. Non sovraccaricarlo con troppi stimoli o nuovi luoghi all'inizio. Introdurlo a nuove stanze o situazioni poco alla volta gli permette di adattarsi gradualmente e senza stress.

Introduzione a diverse esperienze

Esponi il tuo cucciolo a una varietà di esperienze fin dalla giovane età. Portalo in diverse situazioni, come passeggiate in città, parchi, negozi per animali e aree affollate. Questo aiuta il cucciolo a sviluppare la fiducia e ad adattarsi a situazioni nuove e stimolanti.

Socializzazione prudente

L'esposizione ad altri cani, persone e situazioni è importante, ma fai attenzione a non sovrastimolare il cucciolo. Introducilo a cani ben educati e socializzati, permettigli di conoscere persone gentili e pazienti. Ciò contribuirà a formare una base solida per le interazioni future.

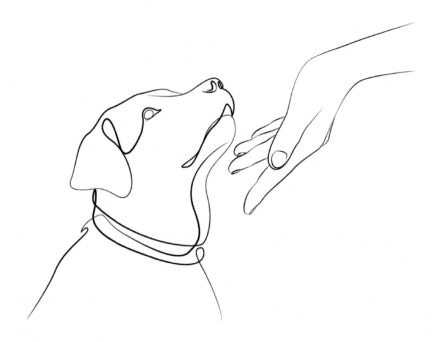

Abituarsi al guinzaglio

Mentre il tuo cucciolo cresce, sarà il momento di iniziare ad abituarlo al guinzaglio. Inizia gradualmente, facendolo familiarizzare con il guinzaglio in casa prima di iniziare le passeggiate all'aperto.

Attenzione all'ansia da separazione

L'ansia da separazione è comune nei cuccioli. Abitualo a lasciarlo da solo gradualmente e per periodi brevi per aiutarlo ad adattarsi. Puoi iniziare andando 10 minuti in un'altra stanza per poi aumentare gradualmente il tempo, ma senza esagerare improvvisamente. Per esempio lasciare il cucciolo da solo per una giornata intera senza averlo abituato gli provocherà stress e sofferenza. Lascia giocattoli oppure oggetti che lo rassicurino e non fargli troppi saluti eccessivi quando esci o quando rientri a casa. Impara a seguire e assecondare i suoi tempi. Se inizialmente non ti fidi trova un amico, un parente o contatta un asilo per cani se sai che devi lasciarlo a casa per diverse ore.

Tempo di qualità

Passa del tempo di qualità con il tuo cucciolo ogni giorno. Giochi, coccole e addestramento creano un legame forte e positivo tra voi due.

Il legame essere umano-cane è un'avventura emozionante che necessita pazienza, attenzione e amore.

Fornire al tuo cucciolo opportunità di gioco è essenziale per il suo sviluppo fisico e mentale. Giochi interattivi, giocattoli da masticare e puzzle o giochi di attivazione mentale lo tengono impegnato e stimolato. Vedi il gioco come un modo per insegnargli comandi di base e per incoraggiare il comportamento positivo.

Tempo di rilassamento e riposo

Anche se i cuccioli sono pieni di energia, è importante dare loro opportunità di riposare e rilassarsi. Un riposo adeguato favorisce la crescita sana e il buon umore. Assicurati che il tuo cucciolo abbia un posto tranquillo e confortevole dove possa riposare senza essere disturbato.

Apprendimento progressivo

Ricorda che i primi passi del tuo cucciolo nel mondo sono un processo graduale. Ogni cucciolo è un individuo unico con tempi e modalità di apprendimento diversi. Sii paziente, premia i comportamenti positivi e offri supporto costante nel percorso di crescita.

Un passo dopo l'altro lo accompagnerai zampa nella mano a sviluppare le competenze e le abitudini che lo renderanno un cane equilibrato e felice.

I primi passi nel mondo rappresentano un'importante fase nella crescita del tuo cucciolo.

19. IL PRIMO BAGNETTO

Il primo bagnetto del tuo cucciolo è un momento emozionante, ma richiede attenzione e preparazione per rendere l'esperienza piacevole e rilassante.

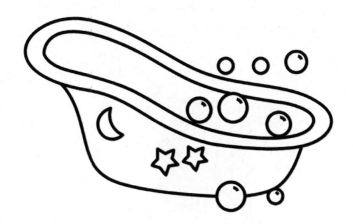

Il momento giusto

Il primo bagno del cucciolo può essere eseguito dai due mesi in poi. Se il bagnetto viene eseguito nell'ambiente casalingo, in uno spazio adeguatamente disinfettato, non è necessario attendere la conclusione del ciclo vaccinale.

Il primo bagnetto dovrebbe eseguirlo l'allevatore o la persona che ha cresciuto il cucciolo prima di consegnartelo. Questo perché la calma e l'ambiente a lui conosciuto sono indispensabili per questo primo approccio. Una volta portato a casa il cucciolo attendi qualche giorno prima di procedere a un nuovo bagnetto, così da garantirgli sicurezza e relax.

Preparazione del bagno e dell'attrezzatura

Prima del bagnetto, prepara tutto il necessario:

1. Spazio: Utilizza una vasca o un lavandino pulito e sicuro, di dimensioni adeguate al tuo cucciolo. Se necessario utilizza un catino posizionandolo all'interno della vasca o della doccia;

2. Acqua tiepida: Utilizza acqua tiepida, evitando che sia troppo calda o troppo fredda;

3. Shampoo per cuccioli: Scegli uno shampoo delicato specifico per cuccioli, che non irriti la pelle sensibile;

4. Asciugamano morbido: Prepara un asciugamano morbido e pulito per asciugare il tuo cucciolo;

5. Spazzola e phon: Avrai bisogno di una spazzola adatta al mantello del tuo cucciolo e un phon, da usare a velocità e calore minimi.

Il momento del bagnetto

Ecco come procedere con il primo bagnetto:

1. Introduzione graduale: Prima di iniziare il bagnetto, lascia che il cucciolo esplori l'area e si abitui all'ambiente senza forzarlo;

2. Bagnetto dolce: Posiziona il cucciolo con delicatezza nella vasca o nel lavandino e mantieni una mano per tenerlo e farlo sentire al sicuro. Utilizza una tazza o una brocca per bagnare il cucciolo con acqua, evitando di bagnare subito il muso. Inizia da zampe e petto. Procedi poi bagnando la schiena e alzando lentamente il muso del cucciolo bagna anche la testa, i lati del muso e il collo;

3. Shampoo con cura: Applica uno shampoo specifico per cuccioli, facendo attenzione a evitare gli occhi e il naso. Massaggia delicatamente il mantello, quindi risciacqua accuratamente;

4. Risciacquo meticoloso: Assicurati di risciacquare bene il cucciolo, eliminando completamente lo shampoo dalla sua pelle;

5. Asciugatura delicata: Utilizza un asciugamano morbido per tamponare delicatamente il cucciolo e rimuovere l'acqua in eccesso. Assicurati di asciugare bene le orecchie e la pancia. Procedi poi con il phon facendo prima sentire il rumore a distanza e avvicinando il getto di calore piano piano al corpo del cucciolo;

6. Coccole e premi: Dopo il bagnetto, coccola il cucciolo e offrigli dei premietti per rendere l'esperienza positiva.

Frequenza dei bagni

Evita di bagnare il tuo cucciolo troppo spesso e segui sempre le indicazioni che ti vengono fornite sulla razza o sull'incrocio specifico del tuo cane. Alcune tipologie di pelo necessitano lavaggi frequenti anche ogni 15 giorni. Assicurati di conoscere le tempistiche del tuo cucciolo.

Ricorda, il primo bagnetto del tuo cucciolo è un'opportunità per costruire una relazione positiva con l'acqua e per creare un'esperienza gradevole. Segui i passaggi sopra indicati e mantieni un tono calmo e rilassato per garantire che il tuo cucciolo si senta a suo agio.

20. SE IL CUCCIOLO MORDE

Nel portare a casa un cucciolo ti capiterà di chiederti se è normale coglierlo a mordicchiare, a volte anche le tue stesse mani o piedi. La risposta è sì. Non devi preoccuparti, perché il mordicchiare dei cuccioli è spesso un comportamento naturale. Come i bambini usano le mani per esplorare il mondo, i cuccioli utilizzano la bocca. È attraverso il morso che scoprono la consistenza, il sapore e la durezza degli oggetti che li circondano. Tuttavia, è importante insegnare al tuo cucciolo a mordere in modo appropriato e a rispettare i limiti.

Esplorazione naturale

Per il tuo cucciolo, mordicchiare è una parte normale del suo processo di apprendimento. Vuole conoscere il mondo che lo circonda, e la bocca è il suo principale strumento per farlo. Comprendere che il tuo cucciolo non ha nulla che non va e che il suo comportamento è del tutto naturale ti aiuterà ad affrontare al meglio la situazione per insegnargli il giusto comportamento.

Il ruolo dell'età

È importante tenere presente che il comportamento del morso è più comune nei cuccioli, poiché stanno ancora imparando come interagire con il loro ambiente. In questa fase è fondamentale intervenire per evitare che il cucciolo cresca non sapendo dove fermarsi.

Lavorare sulla socializzazione

Un'adeguata socializzazione del tuo cucciolo con altri cani e persone può aiutare a mitigare il problema del morso. I cuccioli che interagiscono con i loro simili imparano ad adottare un comportamento di mordere più gentile durante il gioco.

Come i bambini usano le mani per esplorare il mondo, i cuccioli utilizzano la bocca.

Come far desistere il cucciolo dal mordere

Ora che sappiamo che il morso è naturale nei cuccioli, vediamo come puoi gestire questa situazione in modo educato ed efficace.

1. Fornisci alternative

Assicurati che il tuo cucciolo abbia accesso a una varietà di giocattoli mordicchiabili, come peluche od ossa da masticare. Quando il cucciolo inizia a mordicchiare qualcosa che non dovrebbe, offrigli uno dei suoi giocattoli preferiti. Usa un tono gentile e incoraggiante mentre glielo dai;

2. Ignora il cucciolo

Se il tuo cucciolo morde le tue mani o i tuoi vestiti durante il gioco, smetti immediatamente di giocare con lui. Ignoralo completamente. Questo gli farà capire che il morso interrompe il divertimento;

3. Utilizza il comando "No"

Quando il cucciolo morde qualcosa che non dovrebbe, usa un comando semplice come "No" in tono deciso ma non arrabbiato. Non urlare o alzare la voce, ma rendi chiaro che il comportamento non è accettabile.

4. Ricompensa il comportamento positivo

Quando il cucciolo smette di mordere ciò che non dovrebbe e invece si concentra sui suoi giocattoli mordicchiabili, ricompensalo con lodi e coccole. Usa un tono felice per indicargli che ha fatto la scelta giusta.

5. Sii paziente

Ricorda che l'addestramento richiede tempo. Sii paziente nel tuo approccio. Il tuo cucciolo imparerà gradualmente a comportarsi in modo appropriato se segui questi passaggi in modo coerente.

In conclusione, il morso nei cuccioli è un comportamento naturale, ma è importante insegnare al tuo cucciolo a mordere in modo appropriato. Fornisci alternative, usa comandi chiari e ricompensa il comportamento positivo. Con pazienza e coerenza, il tuo cucciolo imparerà a gestire il suo istinto naturale di mordere mentre cresce e diventa un cane ben educato.

21. GUINZAGLIO O PETTORINA

La scelta tra guinzaglio e pettorina è una decisione importante che influenzerà le passeggiate e la gestione del tuo cucciolo.

Guinzaglio: comodità e controllo

Il guinzaglio è uno degli accessori più comuni per portare a spasso il tuo cucciolo. Ecco alcune considerazioni chiave per l'uso del guinzaglio:

VANTAGGI:

1. Controllo: Il guinzaglio offre un buon livello di controllo sul movimento del tuo cucciolo. È particolarmente comodo per insegnare comandi di base;

2. Allenamento: Puoi utilizzare il guinzaglio per insegnare al tuo cucciolo a camminare al tuo fianco senza tirare in direzioni indesiderate;

3. Libertà limitata: Il guinzaglio consente una certa libertà di movimento al tuo cucciolo, ma con un controllo più limitato rispetto alla pettorina.

Pettorina: comfort e sicurezza

La pettorina è un'alternativa al guinzaglio, che avvolge il corpo del tuo cucciolo attorno al petto e alle spalle. Ecco alcune considerazioni importanti per l'uso della pettorina:

VANTAGGI:

1. Distribuzione del peso: La pettorina distribuisce il peso in modo uniforme sul corpo del tuo cucciolo, riducendo la pressione sul collo e minimizzando il rischio di lesioni;

2. Riduzione del tiro: Se il tuo cucciolo tende a tirare durante le passeggiate, la pettorina può essere utile per controllare il tiro ma questo non vale per tutte le razze. Assicurati di consultare un educatore per conoscere le caratteristiche della tua razza;

3. Riduzione dello stress: Alcuni cuccioli potrebbero sentirsi più a loro agio con una pettorina, specialmente se sono timidi o ansiosi.

Scegliere l'accessorio giusto

La scelta tra guinzaglio e pettorina dipende dalle preferenze personali, dalla personalità del tuo cucciolo e dalle esigenze di addestramento. Considera i seguenti punti quando fai la tua scelta:

1. Dimensioni e razza: Assicurati che il guinzaglio o la pettorina siano della dimensione adatta alla taglia e alla conformazione del tuo cucciolo;

2. Comodità: Osserva come reagisce il tuo cucciolo quando indossa guinzaglio o pettorina. Deve sentirsi a suo agio e libero di muoversi;

3. Addestramento: Se stai addestrando il tuo cucciolo a camminare senza tirare, potresti preferire il guinzaglio per esercitare un controllo più diretto. Affidati all'esperienza dell'educatore o dell'addestratore per farti consigliare al meglio rispettando le caratteristiche del tuo cucciolo;

4. Salute del collo: Se il tuo cucciolo ha problemi al collo o alla trachea, la pettorina potrebbe essere una scelta migliore per ridurre la pressione su queste aree. Prediligi una pettorina a forma di H;

5. Esperienza personale: Prova sia il guinzaglio che la pettorina e osserva come risponde il tuo cucciolo. La sua reazione potrebbe aiutarti a prendere una decisione informata.

La scelta tra guinzaglio e pettorina è personale e dipende dalle esigenze e dalle preferenze del tuo cucciolo. Scegli l'accessorio che migliora la tua esperienza di passeggiata e fa sentire il tuo cucciolo a proprio agio e sicuro.

La scelta tra guinzaglio e pettorina influenzerà le passeggiate e la gestione del tuo cucciolo.

22. EDUCAZIONE E COMANDI DI BASE

La parola PADRONE deriva dal latino "patrōnus" e significa protettore, difensore.

Il miglior modo per proteggere e difendere il tuo cane è educandolo.

L'educazione è quindi una grossa RESPONSABILITÀ.

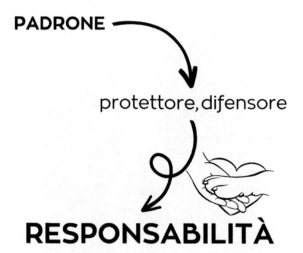

Un'educazione adeguata non solo aiuta a evitare comportamenti indesiderati, ma rafforza il legame tra voi, consentendovi di comunicare in modo efficace.

Approccio alla comunicazione: chiarezza e positività

Quando si educa un cane, la chiarezza e la coerenza nella comunicazione sono fondamentali. Evita di punire il cane per le azioni sbagliate perché questo può causare paura e ansia. Invece, focalizzati su come promuovere i comportamenti desiderati. Usa premi, elogi e rinforzi positivi per incoraggiare il tuo cane a fare le scelte giuste.

Istruzioni per comandi di base: Seduto, Terra, Resta

*Nota: Prima di iniziare l'addestramento, assicurati che il tuo cucciolo sia calmo e attento. Le sessioni di addestramento dovrebbero essere brevi, positive e sempre condivise in un ambiente privo di distrazioni.

1. Seduto:

- Tieni un premietto nelle tue dita;
- Mostra il premio al tuo cane portandolo leggermente sopra la testa per attirare l'attenzione;
- Muovi lentamente il premio verso l'alto, facendo in modo che il muso del cane segua il movimento;
- Man mano che il muso si alza, il corpo del cane si abbasserà naturalmente in posizione seduta;
- Accompagna il movimento pronunciando chiaramente il comando "Seduto";
- Appena il cane è seduto, elogialo entusiasticamente e premialo con il premietto;
- Il cucciolo apprenderà questo comando molto facilmente ma è necessaria costanza e ripetizione: ripeti la sessione di addestramento per 5 minuti tutti i giorni fino a quando lo reputi necessario.

SEDUTO

2. Terra:

Solo quando avrà appreso il comando "seduto" potrai procedere con il comando "terra".

- Fai sedere il tuo cane;
- Mostra il premio al tuo cane vicino al naso;
- Muovi lentamente il premio verso il pavimento davanti a lui, tra le sue zampe anteriori;
- Questo dovrebbe far sì che il corpo del cane si abbassi in posizione sdraiata;
- Quando il cane è a terra, pronuncia il comando "Terra";
- Elogialo e premialo immediatamente con il premio.

TERRA

3. Resta:

Questo comando necessita di una concentrazione maggiore, potrai insegnarlo quando il cucciolo sarà più grande.

- Fai sedere o sdraiare il tuo cane;
- Mostra il palmo aperto davanti a lui, come se gli stessi dicendo "fermati";
- Pronuncia chiaramente il comando "Resta";
- Fai un passo indietro o allontanati leggermente dal cane;
- Se il cane rimane fermo, elogialo e premialo con un premio;
- Inizia con brevi distanze e gradualmente aumentale nel tempo.

RESTA

In ogni fase dell'educazione, sii gentile, coerente e paziente. Ricorda che l'obiettivo è stabilire una comunicazione positiva e rispettosa con il tuo cane, creando un ambiente in cui entrambi possiate imparare e crescere insieme.

Questa guida è stata sviluppata unicamente per offrire informazioni e non deve essere interpretata come una sostituzione a consulenze o trattamenti veterinari.

Printed in Great Britain
by Amazon

32867577R00046